AF537796

Und plötzlich weißt du:

Es ist Zeit,

etwas Neues zu beginnen
und dem Zauber
des Anfangs zu vertrauen.

Meister Eckhart

Ingrid Frank

Seelenglück

Aus der Mitte leben

Butzon & Bercker

Inhalt

Tu, was dein Herz
dir sagt und was deinen
Augen gefällt!

Kohelet/Prediger 11,9

Einleitung

Vielleicht kennen Sie das: Sie markieren Sätze in einem Buch, und diese Sätze begleiten Sie eine ganze Weile in Ihrem Alltag. Möglicherweise haben Sie auch ein „Lieblingsbibelzitat", dessen Wiederholung Sie lieben.

TU, **WAS DEIN HERZ DIR SAGT**
UND WAS DEINEN AUGEN GEFÄLLT!

steht im Alten Testament im Buch des Weisheitspredigers Kohelet. Ich mag diese Textstelle und verbinde sie mit dem Titel dieses Büchleins: ***Seelenglück.*** Es ist ein Wort, das nachklingt. „Seelenglück?" – Das Glück in der eigenen Seele finden. Mit sich selbst zufrieden sein und zwar anders, als es die negativ besetzte, zur Arroganz tendierende Selbstzufriedenheit suggeriert.

ICH SEIN. EINFACH DA SEIN.
MICH **GUT SEIN LASSEN**.

Der Klang dieses Wortes weckt Sehnsucht. Wer möchte nicht Glück in sich selbst finden, sich selbst kennen und gerne annehmen? In Seelenglück schwingen Geduld, Verständnis, Toleranz, Herzlichkeit und Güte mit. *Unruhig ist mein Herz, bis es Ruhe findet in dir,* schrieb schon Augustinus um 300 nach Christus. Auf der Suche nach dem Seelenglück sind von alters her viele Wege beschritten worden.

Es ist ein Ziel jenseits der üblichen Anforderungen. Wir sind es gewohnt, dass man uns „Beine macht" oder uns auffordert: „Machen Sie mehr aus Ihrem Leben!" – „Seien Sie effizienter, flexibler, mobiler!"
Wir werden im Alltag von vielen Herausforderungen bedrängt, und es kostet erhebliche Kraft, das alltägliche Pensum zu leisten. Zeitweise beschleicht uns die Angst, im Wettlauf um Ansehen, Arbeit, Geld, Aussehen oder Gesundheit nicht mithalten zu können. Wir befürchten, dass wir zu denen gehören, die auf der Strecke bleiben, die nicht „erfolgreich" im Leben stehen. Immer neue Ansprüche werden an uns gestellt, und unsere eigenen Erwartungen an uns selbst hören nicht auf zu wachsen. Wir wollen sein, wie „man" zu sein hat. Wir wollen leben, wie „man" heute lebt. Aber wer ist „man" ? Und wie das „Heute" anschauen, ohne den Kopf in den Sand zu stecken?

Die Suche nach dem Seelenglück ist fast so alt wie die Menschheit, und so finden sich in jedem Kapitel dieses Buches Texte spirituell erfahrener Männer und Frauen aus unterschiedlichen Zeiten. Es sind Gebete, Zitate, manchmal auch Wünsche, die Sie begleiten und weiterführen können. Sie können in diesen Texten Erfahrungen von Gelassenheit, Vertrauen und Glauben entdecken. Sie erzählen davon, wie das mit dem Seelenglück sein kann, wie es womöglich zu finden ist auf den Wegen, die „dein Herz dir sagt" zu dem, was „deinen Augen gefällt". Die Beispiele, Texte und Übungen in diesem Buch mögen Ihnen Anregung und Hilfestellung für Ihren eigenen Weg sein.

Ingrid Frank

Ich hetze dem Leben hinterher

Mögest du
alle Tage deines Lebens
WIRKLICH
Leben!

Jonathan Swift

Ich hetze dem Leben hinterher

Vom Seelenglück sind wir normalerweise weit entfernt. In unserem Alltag regieren oft Hektik und Sorge. Wir alle (oder die meisten von uns) wollen den Erfolg, streben nach einem besseren und sicheren Leben. Dazu gehört vor allem Arbeit, haben wir gelernt. Schließlich brauchen wir Geld, um Haus, Wohnung, Auto und das Leben überhaupt bezahlen zu können. Nicht erst die Klimakrise, die Pandemie oder die weltpolitisch instabile Lage rütteln an dieser Lebensmaxime. Aber sie forcieren die in der Menschheitsgeschichte immer schon vorhandene Suche nach dem, was es heißt, wesentlicher zu werden. Vielleicht erkennen Sie sich im folgenden Beispiel wieder:

„Mir geht es am besten, wenn ich arbeite!" Karen, Mitte 40, Personalchefin eines mittelgroßen Unternehmens, gehört zu den innovativen Kräften ihres Unternehmens, sie denkt und handelt kreativ, flexibel, schnell. Dass sie weit mehr als acht Stunden täglich arbeitet, stört sie dabei nicht. Sie nimmt in der Regel jede Herausforderung begeistert an. Karen genießt es, regelmäßig Konferenzen, Fortbildungen und „Meetings" in anderen

Städten zu besuchen. Das „Business-Class-Ticket" ermöglicht ihr den Komfort, den sie sich wünscht. Mit ihrem Laptop kann sie jederzeit und überall arbeiten – und sie tut das auch.
Privatleben, Freunde, Hobbys – dafür hat Karen kaum Zeit. „Nach ein paar Tagen Urlaub werde ich unausstehlich! So ohne Arbeit, ohne Aufgabe – wozu muss ich mich länger als eine Woche ausruhen?", diese Antwort gibt Karen gern, wenn andere von drei Wochen Erholungsurlaub berichten.

Das heißt, sie gab diese Antwort bislang. Seit einigen Monaten gibt es Veränderungen in ihrer Firma. Karens Chef hat Entlassungen angekündigt und auch Karens Aufgabenfeld wird sich verkleinern. Karens Job, der Dreh- und Angelpunkt ihres Lebens, ist gefährdet. Wie ihre bislang klar gezeichnete berufliche Laufbahn weitergeht, ist plötzlich unklar. Karen kränkelt, sie fühlt sich wie vor einer Nebelwand.
Zum ersten Mal hat Karen keinen flotten Spruch parat. Sie kennt nur den Satz ihres Vaters, der gerne Goethe zitierte: „Willst du wissen, was in dir ist, so handle." Unter „Handeln" hatte Karen bislang „Arbeiten" verstanden und insofern hat der Ausspruch jetzt eine dornige Komponente. Sie kann nicht handeln. Ausgerechnet sie, der es umso besser geht, je mehr Arbeit sie hat, hat jetzt weniger Arbeit. Für Karen werden die verwirrenden Tage ihrer Krise Anlass zum Nachdenken.

SIE FRAGT SICH ZUM ERSTEN MAL,
WAS ES BEDEUTET,
„WIRKLICH ZU LEBEN".

Sie fühlt sich traurig und lustlos. Etwas entzieht den Dingen ihren Sinn und nimmt dem Alltag die Farbe. Die gradlinige, vorwärtsstrebende Karen spürt, dass sie mehr als die routinemäßige Fitness braucht, um das wirkliche Leben zu finden.

Wir müssen es nicht so weit kommen lassen, dass uns äußere Umstände zum Innehalten zwingen.

SICH **REGELMÄSSIGE AUSZEITEN** NEHMEN, UM DER EIGENEN BEFINDLICHKEIT NACHZUSPÜREN, IST EINFACH – **ES HILFT,** UNABHÄNGIG VON ALLEM HANDELN UND TUN, **„BEI SICH" ZU BLEIBEN.**

Solche Auszeiten können kleine Pausen im Alltag sein: eine in Ruhe genossene Tasse Tee, das gedankenverlorene Aus-dem-Fenster-Schauen während einer Zugfahrt, eine Stunde auf der Parkbank oder im Café ... es gibt viele Gelegenheiten, innezuhalten.

Gönne dich dir selbst. Ich sage nicht: Tu das immer, ich sage nicht: Tu das oft, aber ich sage: Tu es immer wieder einmal: Sei wie für alle anderen auch für dich selbst da.

Bernhard von Clairvaux

Du wirst
umso MEHR
etwas sein, je WENIGER
du in allem
sein willst.

Johannes vom Kreuz

REFLEXION

- „Ich arbeite, also bin ich." Was löst dieser Satz in Ihnen aus?
- „Mögest du alle Tage deines Lebens wirklich leben!"
  „Wirklich leben", was ist das für Sie?
- Was wünschen Sie sich vielleicht schon lange?
- Was wäre notwendig, um diesen Wunsch zu realisieren?
- Wie sähe der erste Schritt dahin aus?
- Was benötigen Sie, um diesen Schritt zu gehen?

ÜBUNG

Setzen Sie sich für einen Moment aufrecht hin, öffnen Sie Ihre Hände und beobachten Sie aufmerksam das Ein- und Ausatmen der Luft durch die Nasenlöcher, den Lebensstrom, der Sie versorgt. Versuchen Sie nicht den Atem zu beeinflussen oder zu verändern, sondern beschränken Sie sich darauf, ihn wahrzunehmen. Stellen Sie sich vor, wie Sie neue Energie, Kraft, Geist, Leben einatmen und wie Sie Ihre inneren Widersprüche, Ihre Ängste und Sorgen mit dem Atem abgeben.
Wenn Sie mögen, finden Sie ein Wort, einen Satz, der Ihr Ein- und Ausatmen unterstreicht (z. B. „ein – aus", „Le-ben", „Werden", „nehmen – geben", „Ich bin"), und wiederholen Sie dieses Wort oder diesen Satz beim Atmen.

WEG-WEISENDES

Sorge nicht um das, was kommen mag,
weine nicht um das, was vergeht;
aber sorge, dich nicht selbst zu verlieren,
und weine, wenn du dahintreibst
im Strome der Zeit,
ohne den Himmel in dir zu tragen.

Friedrich D.E. Schleiermacher

GOTT ACHTET MICH,
WENN ICH ARBEITE,
ABER ER **LIEBT MICH**,
WENN ICH SINGE.

Rabindranath Tagore

LASS
DAS VERHALTEN
ANDERER NICHT DEINEN
INNEREN FRIEDEN
STÖREN.

Dalai Lama

Auf der Suche nach den Quellen der Kraft

Dann gib mir
von diesem WASSER,
Herr, damit ich
NIE MEHR
DURSTIG bin
und nicht immer wieder
herkommen und Wasser
holen muss!

Johannes 4,15

Auf der Suche nach den Quellen der Kraft

Wenn wir uns mitten im Alltag die Zeit nehmen, innezuhalten, merken wir, wie viele unserer Gedanken negativ sind. Wir stoßen häufig auf „aber", oft auf „wenn ich nur" und noch öfter auf „hätte, könnte, sollte":

- „Ich würde mich ja gern mehr entspannen, aber ..."
- „Ich würde mich ja gern selbst mehr lieben, aber ..."
- „Vielleicht gäbe es einen Weg aus der Traurigkeit, aber ..."
- „Ich könnte etwas Kreatives tun, wenn ich nur ..."
- „Ich würde meinem Leben gern eine andere Richtung geben, könnte ich ..."

Es ist quälend, so zu denken. Es erschöpft und macht mutlos. Und: Es ist ganz normal, dass wir lieber bei den Zweifeln verharren, statt eine Lösung zu suchen. Manchmal können wir einfach nicht glauben, dass überhaupt eine Lösung existiert. Es geht uns wie dem „modernen" Menschen:

Ein „moderner" Mensch verirrte sich in der Wüste. Die unbarmherzige Sonnenglut hatte ihn ausgedörrt. Da sah er in einiger Entfernung eine Oase. Aha, eine Fata Morgana, dachte er, eine

Luftspiegelung, die mich narrt. Er näherte sich der Oase, aber sie verschwand nicht. Er sah immer deutlicher die Dattelpalmen, das Gras und vor allem die Quelle.
Natürlich eine Hungerfantasie, die mir mein halb wahnsinniges Gehirn vorgaukelt, dachte er. Solche Fantasien hat man bekanntlich in meinem Zustand. Jetzt höre ich sogar das Wasser sprudeln. Eine Gehör-Halluzination. Wie grausam die Natur ist.
Kurze Zeit später fanden ihn zwei Beduinen tot. „Kannst du so etwas verstehen?", sagte der eine zum andern: „Die Datteln wachsen ihm beinahe in den Mund. Und dicht neben der Quelle liegt er verhungert und verdurstet. Wie ist das möglich?" Da antwortete der andere: „Er war ein moderner Mensch."

Der einfache Sinn dieser Geschichte: Es gibt immer eine Lösung, eine Erlösung für uns. Sie ist sicher nicht immer so spektakulär wie eine Oase in der Wüste, wenn man kurz vor dem Verdursten ist. Aber unsere Nöte sind auch nicht immer so spektakulär wie der lebensgefährliche Ausflug des „modernen" Menschen.
Es gibt die Oase, das, was „zum Glück" da ist. Die Kunst besteht darin, es auch wahrzunehmen, es zu sehen. Es reicht nicht aus, dass im rechten Augenblick das Glück da ist, wenn wir gar nicht daran glauben können.

GLÜCK ZU **HABEN**
IST DAS EINE.
GLÜCK ZU **ERGREIFEN**
DAS ANDERE.

Im Neuen Testament wird erzählt, wie Jesus an einem Brunnen einer Frau aus dem heidnischen Samaria begegnet und ein Gespräch mit ihr beginnt. Jesus hat den Mut, die Frau um Wasser zu bitten – eine Unerhörtheit für damalige Verhältnisse.

Die Frau sagte zu ihm: „Du bist doch ein Jude! Wieso bittest du mich um Wasser? Schließlich bin ich eine samaritische Frau!" Jesus antwortete ihr: „Wenn du wüsstest, was Gott dir geben will und wer dich hier um Wasser bittet, würdest du mich um das Wasser bitten, das du wirklich zum Leben brauchst. Und ich würde es dir geben." „Aber Herr", meinte da die Frau, „du hast doch gar nichts, womit du Wasser schöpfen kannst, und der Brunnen ist tief! Wo willst du denn das Wasser für mich hernehmen?" ... Jesus erwiderte: „Wer dieses Wasser trinkt, wird bald wieder durstig sein. Wer aber von dem Wasser trinkt, das ich ihm gebe, der wird nie wieder Durst bekommen. Dieses Wasser wird in ihm zu einer nie versiegenden Quelle, die ewiges Leben schenkt." „Dann gib mir von diesem Wasser, Herr", bat die Frau, „damit ich nie mehr durstig bin und nicht immer wieder herkommen und Wasser holen muss!"

Johannes 4,9–15

Die Unerhörtheit der Begegnung wird der Frau zum Glück. Sie ist zwar verwundert über die Ansprache, die ihr zuteilwird, aber sie lässt sich darauf ein und erfährt etwas Neues:

„WASSER DES LEBENS SCHÖPFEN"
IST DIE VERHEISSUNG, DASS SICH EINE NIE VERSIEGENDE KRAFTQUELLE FINDEN LÄSST.

Solche Geschichten regen an, die Brunnen zu finden, die zu unseren eigenen Quellen führen. Das lebendig Machende, die Oasen im Leben, unsere Freundschaften und Beziehungen können solche Brunnen sein. Manchmal sind wir es selbst, die diese nicht wahrnehmen. Wir können oder wollen nicht sehen oder wahrnehmen, was uns hilft. Wir wollen so gern am Zweifeln und Schwarzmalen festhalten.

DOCH

… es gibt *den zuhörenden Freund/die Freundin,*
den/die ich treffen kann, der/die neue Impulse gibt und mich versteht.

… es gibt eine bestimmte *Musik,*
die mir guttut, wenn ich mich ihr öffne.

… es gibt *Blumen,*
die ich mag und die meine Umgebung schöner machen.

… es gibt *den Geruch,*
der mich an schöne Erlebnisse erinnert und meine Stimmung aufhellt.

… es gibt *die wärmende, wohlige Kleidung,*
in der ich mich sicher und geborgen fühle.

… es gibt *die Stunde Schlaf mehr,*
die mich weniger gereizt sein lässt.

… es gibt *das Bild,*
das mich anspricht und meine Seele zum Klingen bringt.

… es gibt die *Möglichkeit,*
über belastende Probleme zu reden, eine Beratung zu suchen, Hilfe zu finden.

Begegnungen, Rituale, Orte, besondere Sinneserfahrungen können zu Brunnen werden. Dafür müssen wir allerdings die Zweifel beiseite lassen. Sie machen uns keinen Deut glücklicher. Im Gegenteil: Wir verdursten, obwohl die Oase direkt vor unserer Nase liegt. Das Wichtigste ist, wahrzunehmen, dass wir uns aus Begegnungen und kleinen Dingen des Alltags Kraft holen. Wie oft denken wir: „Das geht ja nicht, nur hier sitzen und in Ruhe eine Tasse Tee trinken!" Aber wir können den Augenblick wertschätzen und tun, was wir mögen! Wir können uns so wertvoll behandeln wie einen besonders guten Freund. Dem würden wir ja auch nicht die Tasse entreißen, wenn er abgespannt und müde aussieht und gerade einen Schluck heißen Tees trinken möchte.

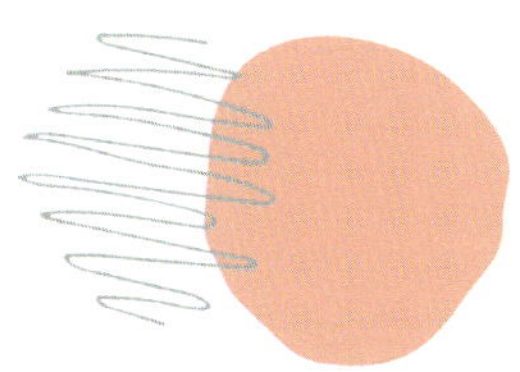

Die

wahre Lebenskunst

besteht darin,

IM ALLTÄGLICHEN

DAS WUNDERBARE

zu sehen.

Pearl S. Buck

REFLEXION

- In welchen Bereichen des Lebens hindern Einwände Sie daran, an neue Möglichkeiten zu glauben? Wie sehen diese Einwände aus?
- Welche Menschen, welche Gewohnheiten oder Rituale, welche Orte sind für Sie wie Brunnen?
- Wissen Sie, wie Sie zu Ihren „Quellen" vordringen?
- Wie können Sie in Kontakt zu Ihrer Quelle bleiben?

SCHREIBEN SIE **20 „KLEINE" DINGE** AUF, **DIE IHNEN GUTTUN.** LEGEN SIE SICH MIT IHREN IDEEN EINEN PERSÖNLICHEN **BRUNNEN** AN, AUS DEM SIE VON ZEIT ZU ZEIT SCHÖPFEN.

ÜBUNG

- Stellen Sie sich vor, Sie seien bei der Begegnung am Brunnen anwesend und beobachten, wie das Gespräch die Frau verändert.
- Stellen Sie sich vor, Sie seien die Frau am Brunnen.
  Wie sehen Sie aus? Was stellen Sie dar? Wie würde das Gespräch verlaufen, welche Fragen, Bitten würden Sie formulieren?
- Stellen Sie sich vor, in der Begegnung liebevoll angesehen, erkannt zu werden. Was würde das bewirken?
- Wenn Sie mögen, schreiben Sie Ihre Gedanken dazu auf.

WEG-WEISENDES

IN DER WÜSTE BRECHEN **QUELLEN** HERVOR, BÄCHE FLIESSEN DURCH DIE ÖDE STEPPE.

Jesaja 35,6

KENNST DU VIELE WÖRTER, DIE SO SCHÖN SIND WIE DAS WORT **„FINDEN"?**

Dom Helder Camara

WER ZUR **QUELLE** GEHEN KANN, DER GEHE NICHT ZUM WASSERTOPF.

Leonardo da Vinci

LEHRE MICH DIE **KUNST DER KLEINEN SCHRITTE!**

Antoine de Saint-Exupéry

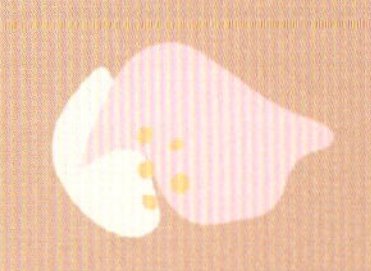

In der Wüste –
schweigen und hören

ICH
WILL *sitzen*
und *schweigen*
und *hören*,
was Gott mit mir
redet.

Meister Eckhart

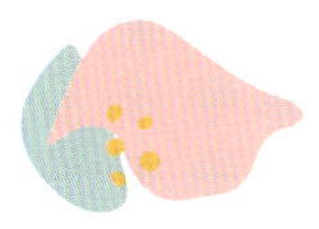

In der Wüste – schweigen und hören

Wie habe ich bisher gelebt? Wie geht es mit mir weiter? Worin besteht der Sinn meines Handelns, meines Lebens? Wenn auf dem Weg zur eigenen Quelle bedrängende Fragen auftauchen, kann es weiterführen und klärend sein, sich zurückzuziehen, das Gewohnte für eine Zeit zu verlassen, bewusst die Einsamkeit zu wählen und zu schweigen.
Die christliche Tradition weist hier einen Weg, indem sie uns sprichwörtlich „in die Wüste schickt". Schrecklich schön ist die Wüste. Sie steht für lebensgefährliche Bedrohung und zugleich einzigartige Schönheit.

WENN WIR UNS IN DIE WÜSTE BEGEBEN,
DANN STELLEN WIR UNS MIT UNSEREM GANZEN DASEIN
AUF DIE PROBE, TAUCHEN TIEF IN UNS HINEIN
UND **LERNEN ZU HÖREN.**

Jesus ging für 40 Tage in die Wüste und erlebte eine quälende Zeit der Versuchung. Er widerstand und kehrte gereifter und achtsamer zurück, bereit für seine Aufgabe, das Reich Gottes zu verkünden. In der christlichen Tradition hat die Wüste eine herausragende Bedeutung. Sie ist Ursprungsort des Christentums und lebensfeindlicher Schauplatz tiefer menschlicher Erfahrungen. Wer sich in die Wüste begibt, setzt sich der nackten Existenz aus. Er lässt alle Bindungen hinter sich, prüft und wägt ab, was ihn wirklich trägt.

In der Geschichte des Christentums hat es schon sehr früh Menschen in die Wüste gezogen. Die sogenannten „Wüstenväter", die ab dem 5. Jahrhundert nach Christus in die Wüsten des Orients und nördlichen Afrikas gingen, wollten in der Stille zu sich selbst kommen. Ihr Antrieb war vor allem die Sorge um ihr eigenes persönliches Heil. Kein Besitz und keine Abhängigkeit sollte sie daran hindern, ihre Seele ganz auf Gott auszurichten.

Diese Wüstenväter waren nicht immer besonders fromme Menschen. Zeitgenössische Schriften berichten von einem bunten Völkchen von Bekehrten, „Aussteigern" und Sinnsuchern. Einige der Flüchtlinge sollen sogar Steuerzahler gewesen sein, die sich ihren Verpflichtungen entziehen wollten.

DIE WÜSTE WANDELTE VIELE.
**JENE, DIE AUSHIELTEN,
BEGEGNETEN SICH SELBST – UND GOTT.**

Die Kargheit der Landschaft, die Härte des Lebens und die Innigkeit des Gebetes wandelte Aussteiger zu gesuchten Beratern. Viele Menschen, die damals Rat und Hilfe suchten, gingen zu den Wüstenvätern.

Dabei drangen die Wüstenväter nicht nur zu größerer Gotteserkenntnis vor, sie fochten einen ebenso harten Kampf mit den

„Dämonen". Packend beschrieben wird dies unter anderem in den „Versuchungen des heiligen Antonius", dem – wie es heißt – der Teufel in unterschiedlichster Gestalt erschien. Immer gelang es Antonius, sich ihm entgegenzustellen.
Die Wüstenväter erkannten, dass die Versuchungen das eine sind. Das andere war die Möglichkeit, ihnen zu widerstehen. Dem Negativen setzten sie die Kraft ihres Glaubens entgegen. Sie wichen ihren schwärzesten Gedanken nicht aus. Aber sie wuchsen über sie hinaus.

Die Wüste ist ebenso ein Ort der Klarheit wie des Kampfes. „Wüstentage" als Zeiten des Schweigens sind bis heute in der Spiritualität des Christentums Grundlage des geistlichen Lebens und Handelns. Gebet und Schweigen sind die Säulen klösterlichen Lebens. Im Schweigen und Hören liegt die Chance, eine Ahnung von der „anderen Welt" zu bekommen, das Geheimnis der Religion zu spüren. Es muss nicht gleich ein Besuch im Kloster oder eine längere Zeit der Exerzitien, der geistlichen Übungen, sein. Auch ein individuell gestalteter Wüstentag hat seinen Wert und lässt sich im Alltag relativ einfach einrichten.
Manchen kostet es Überwindung, einige Zeit mit sich allein zu verbringen. Dann ist es gut, es langsam angehen zu lassen. Vielleicht geht es zunächst darum, einfach viel Schlaf und Ruhe zu haben oder gutes Essen bewusst zu genießen. „Mini-Wüsten" lassen sich mitten im Alltag einrichten. Absichtslose weite Spaziergänge, Zeit zum Schreiben, für Meditation und Gebet. Das Aufschreiben von Gedanken und Gefühlen kann helfen, den eigenen „roten Faden" zu verfolgen. Darüber hinaus ist es

hilfreich, in einer Wüstenzeit auch persönliche Gespräche zu führen, um sich beim Ordnen und Verstehen der eigenen Seelenbewegungen nicht zu verlieren. Solche Wüstentage sind eine Zeit, in der wir uns bewusst und bedingungslos unserer eigenen Mitte zuwenden.

EINE **ZEITWEILIGE EINSAMKEIT BEFREIT GEIST UND SEELE.**
SIE ERMÖGLICHT NEUE KREATIVITÄT UND NEUE LEBENSQUALITÄT.
ALLES, WAS WIR DAFÜR BRAUCHEN, IST MUT, DIE GELEGENHEIT ZU ERGREIFEN.

REFLEXION

- Kennen Sie das Bedürfnis, sich für einige Zeit aus allem zurückzuziehen, Einsamkeit und Stille zu brauchen?
- Sind Sie diesem Bedürfnis schon einmal nachgegangen? Welche Erfahrungen haben Sie dabei gemacht?
- Welche Erwartungen und Wünsche, welche Befürchtungen oder Ängste haben Sie in Bezug auf solch eine Auszeit?
- Wie sähe Ihre persönliche Wüstenzeit aus?
- Was müssten Sie tun, um sie zu verwirklichen?
- Wer / was könnte Ihnen dabei helfen, Ihre Vorstellung zu verwirklichen?

WER IN DER WÜSTE LEBT,
LEBT GANZ IM HEUTE,
VON DER HAND IN DEN MUND,
IST FREI VON BINDUNGEN,
DIE ABHÄNGIG MACHEN.
ES GEHT NUR UM
DAS EINE NOTWENDIGE,
DAS HABEN WIRD IN SEIN
VERWANDELT.

Margarete Niggemeger

JEDER WACH GEWORDENE
UND WIRKLICH
ZUM BEWUSSTSEIN
GEKOMMENE MENSCH
GEHT JA EINMAL,
ODER MEHRMALS
DIESEN SCHMALEN WEG
DURCH DIE WÜSTE.

Hermann Hesse

Die größte
Offenbarung
ist die Stille.

Laotse

- Bereichern Sie Ihren Alltag durch folgende Erfahrung: Schweigen Sie einfach mehrere Male am Tag längere Zeit. Suchen Sie sich Gesprächssituationen aus, in denen Sie wesentlich weniger sagen als sonst.
- Achten Sie dabei auf Ihre inneren Impulse und überlegen Sie erst, was Sie sagen möchten, bevor Sie es aussprechen. Oft wird das Gespräch dann schon weitergeflossen sein, bevor Sie überhaupt dazu kommen konnten, etwas zu sagen. Häufig können Sie deutlich merken, unter welchem Druck manche Mitmenschen stehen. Diese nehmen die Gelegenheit gern wahr, noch mehr als sonst zu erzählen. Können Sie das freundlich annehmen?
- Schreiben Sie am Abend auf, in welchen Situationen Sie geschwiegen und sich zurückgehalten haben. Selbst bei nur einer Situation können Sie stolz auf sich sein, denn Sie waren achtsam im Umgang mit Ihren Impulsen.

WEG-WEISENDES

Halt an! Wo läufst du hin?
Der Himmel ist in dir.
Suchst du Gott anderswo,
du fehlst ihn für und für.

Angelus Silesius

Das höchste Gut ist die Harmonie
der Seele mit sich selbst.

Seneca

Denn das ist eben die Eigenschaft
der wahren Aufmerksamkeit,
dass sie im Augenblick
das Nichts zu Allem macht.

Johann Wolfgang von Goethe

In der Tiefe angekommen – Gott entdecken

Du musst nicht
über die Meere *reisen*,
musst keine Wolken
durchstoßen und musst nicht
die Alpen überqueren.
Der Weg, der dir gezeigt wird,
ist nicht weit.
Du musst deinem Gott
NUR BIS
ZU DIR *selbst*
entgegengehen.

Bernhard von Clairvaux

In der Tiefe angekommen – Gott entdecken

Zeiten des Rückzugs schaffen Raum. In diesem Raum beginnt der Weg zu uns selbst. Während des Schweigens sind wir mit uns selbst konfrontiert und dringen immer weiter zu unserem innersten Kern vor. Schicht um Schicht räumen wir auf diesem Weg Vorurteile, Gewohnheiten und Überzeugungen beiseite, bis der Kern – unsere Seele – frei vor uns liegt.

In diesem innersten Raum gedeihen Kostbarkeiten: Lieben und Geliebtwerden, Staunen und tiefe Dankbarkeit. Hier sind wir mit uns allein. Je mehr wir den Raum durch Schweigen weiten, desto klarer können wir uns selbst begegnen. Wir sind nichts – außer wir selbst. Das ist alles.

Was so einfach klingt, ist schwer. Was wir gewohnt sind, ist, unsere Zeit und Energie für die Dinge des täglichen Lebens zu verwenden, manchmal auch daran zu verschwenden: an finanzielle Belange, an Organisation, an berufliches Weiterkommen, an Erfolg, Erziehung und Pflichten. Teresa von Avila klagte bereits im 16. Jahrhundert: *Nicht wenig Elend und Verwirrung kommen daher, dass wir durch eigene Schuld uns selbst nicht verstehen und nicht wissen, wer wir sind.*

Doch das Erkennen unseres eigenen Ichs ist eine wichtige Sache. Fassen wir also Mut und lernen wir, gern mit uns selbst zusammen zu sein. Klarheit und Wärme in sich spüren; dem, was leben und lieben will, Raum geben – das ist es, was uns zu lebendigen und liebenden Menschen macht. Diese Art der Betrachtung ist unsere „mystische Empfindlichkeit", wie die Theologin Dorothee Sölle sagt.

Dort, wo wir uns selbst begegnen, ist der Ort, an dem Gott, oder das Göttliche, erfahrbar wird. Je mehr wir bei uns selbst ankommen und je mutiger wir uns aushalten, desto eher erfahren wir, dass Selbstbegegnung und Gottesbegegnung sich zugleich ereignen. Dies ist bereits Gebet. Das reine, unverstellte Schweigen in uns zulassen – das ist Beten. Dies ist keine Sache des Verstandes, sondern allein der Erfahrung, des innersten Erlebens. Dieses Erleben ändert die Sicht auf die Dinge grundlegend. Wer betet, entdeckt, dass es in und hinter allem einen Gott gibt. Und dass es möglich ist, zu diesem Gott in Beziehung zu treten:

NICHTS SOLL DICH VERWIRREN,
NICHTS SOLL DICH BEIRREN,
ALLES VERGEHT.
GOTT WIRD SICH STETS GLEICHEN,
GEDULD KANN ERREICHEN,
WAS NICHT VERWEHT.
WER GOTT KANN ERWÄHLEN,
NICHTS WIRD SOLCHEM FEHLEN:
GOTT NUR BESTEHT.

So beschreibt Teresa von Avila in ihrer Zeit und ihrer Sprache dieses Gottvertrauen. „Wer Gott kann erwählen, nichts wird solchem fehlen", das sagt nicht jeder Mensch und das sagt sich auch nicht leicht. Das „So wahr mir Gott helfe" in der Vereidigungsformel für Staatsmänner (und -frauen) ist ein freiwilliger Zusatz. Wer ihn spricht, drückt seine Überzeugung aus, dass der Mensch eben nicht alles lenken und weisen kann.

Gott ist heute nicht mehr selbstverständlich. Er gilt nicht mehr einfach als „der Urgrund aller Dinge". Ebenso wenig selbstverständlich ist es, dass jedes menschliche Leben unauflöslich auf ihn zustrebt. Das christliche Welt- und Menschenbild hat sich verändert, es ist eines von vielen geworden. Das Lebensziel, *Gott zu loben, ihm Ehrfurcht zu erweisen und ihm zu dienen,* wie Ignatius von Loyola im 16. Jahrhundert noch formulieren konnte, klingt heute fremd und ein wenig merkwürdig. Es ist nicht „in", es widerspricht dem heutigen Zeitgeist. „Haste was, biste was", oder: „Jeder ist seines Glückes Schmied", das verstehen wir besser.
Einerseits. Andererseits haben die Allmacht von Vernunft und Wissen sowie die Machbarkeit der Dinge sichtbare Risse bekommen. Die Sehnsucht nach spirituellen, geistlichen Werten – gerade auch angesichts der Krisen unserer Zeit – ist groß. Hinter einer Fülle Sinn versprechender Angebote verbirgt sich eine ebensolche Fülle von Fragen – nach Sinn, nach Leben, nach Intensität. Deutlich spüren wir, dass diese Realität nicht die beste aller Möglichkeiten ist. In einer Zeit politischer Desillusionierung wird Religion wieder interessanter. Allerdings ist

sie weder leichter noch leichter verständlich geworden. Wer sich Gott zuwendet, wird mit Rätseln leben müssen, und wer Gottesbegegnung sucht, wird sie vielleicht erleben, aber anderen nur schwer vermitteln können.
Deutlich wird das in der Geschichte, in der Gott sich Mose im brennenden Dornbusch offenbart: *„Ich bin der Ich-bin-da"* (Exodus 3,14), antwortet er auf Moses' Frage, wer er sei. Eine Antwort, die klar und rätselhaft zugleich ist. Es ist für den Menschen unendlich schwer zu akzeptieren, dass Gott stets da ist, aber oft so wenig spürbar in der Nähe zu sein scheint.

REFLEXION

- „Alles beginnt mit der Sehnsucht", hat Nelly Sachs einmal gesagt. Was verbinden Sie mit diesem Satz?
  Welche Sehnsucht verspüren Sie?
- Kennen Sie die Erfahrung, Ihrem eigenen inneren Kern zu begegnen? Was fällt Ihnen dazu ein? Welche Bilder, welche Gefühle, Erfahrungen verbinden Sie damit?
- Welche Bilder, Namen, Bezeichnungen haben Sie für Gott / für das Göttliche? – Welche Gedanken, Gefühle steigen dabei auf?
- Haben Sie eine Sprache für das, was die Vernunft nicht erfassen kann? Ist es Ihnen möglich, Beziehung zu diesem Erfahrungsbereich aufzunehmen?
- Was bedeutet Ihnen „Spiritualität"? Welche Wünsche, Fragen, Geschichten kommen Ihnen in den Sinn, wenn Sie diesen Begriff hören?

ÜBUNG

- Schreiben Sie Namen auf, die Sie für Gott, für das Göttliche kennen (Gott, Göttin, Vater, Mutter, Erlöser, Buddha, Sophia, Schöpfer, Allmacht, Geist, Lilith, Jehova, Herr, Heiler usw.).
- Schauen Sie, was die Namen in Ihnen auslösen, schreiben oder malen Sie Ihre Gedanken auf. Finden Sie Ihren eigenen Namen.
- Versuchen Sie, ein Gebet zu schreiben, das Ihre Beziehung zu Gott/dem Göttlichen ausdrückt.

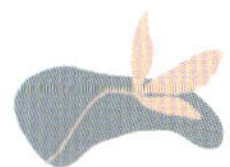

WEG-WEISENDES

Aber welche Güter diese Seele in sich bergen mag,
wer in ihr wohnt und welch großen Wert sie hat,
das bedenken wir selten,
und darum ist man so wenig darauf bedacht,
ihre Schönheit mit aller Sorgfalt zu bewahren.
All unsere Aufmerksamkeit gilt der rohen Einfassung …,
das heißt den Körpern.

Teresa von Avila

Du schenkst mir

Zuflucht

wie eine sichere Burg!

Mein Gott, dir gehört

mein ganzes

VERTRAUEN!

Laotse

Das Leben bilanzieren

Gott ist uns näher
denn unsere eigene Seele.
Er ist der Grund,
darin die Seele gründet.
Er ist das Bindeglied,
das zusammenhält
unser Wesen und unser
physisches Sein,
sodass sie niemals zu trennen sind.
In Gott ruht

UNSERE SEELE

in wahrer Ruhe.
In Gott steht unsere Seele
in sicherer Kraft.
In Gott ist unsere Seele
innig verwurzelt
in
ewiger Liebe.

Juliana von Norwich

Das Leben bilanzieren

In einem Kneipengespräch berichtete einer in der Runde, dass jemand nicht mehr leben wolle, weil er nur noch Negatives in seinem Leben erfahre. Ein anderer, Jan, schlug mit der Faust auf den Tisch und rief laut: „Wir haben die verdammte Pflicht, zu leben, und das verdammte Glück, das zu spüren."

Um Jans Reaktion zu verstehen, muss man seine Lebensgeschichte kennen: Vor einigen Jahren erlitt er einen schweren Hirnschlag, von dem er sich aber unerwartet gut erholte. Jan erlebte Monate des Ringens mit sich selbst. Er haderte mit seinem Schicksal, er stritt sich mit seinen Angehörigen, er verzweifelte an Gott. Jan musste alles wieder mühsam trainieren. Noch heute ist es schwer für ihn, sich mehr als drei Dinge auf einmal zu merken. Er hat deshalb den Beruf gewechselt, vieles neu begonnen.

Jan hat sein gesamtes Lebenskonzept geändert und er spricht mit missionarischem Eifer davon, dass wir alle „die verdammte Pflicht haben, zu leben, und das verdammte Glück, das zu spüren". Die „verdammte Pflicht und das verdammte Glück" künden von der Anstrengung, der Mühsal und der Qual, mit der Jan sein Leben wieder in den Griff bekommen hat. Das Glück ist ein schwer erkämpftes Glück. Aber es ist dennoch ein Glück.

Wenn das Leben seinen Geschmack verloren hat, die Hoffnung schwindet und wir nicht wissen, ob die Sehnsucht nach Einsamkeit oder die nach Gemeinschaft überwiegt; wenn das Aufeinanderangewiesensein ebenso deutlich vor Augen steht wie die Erkenntnis, allein zu sein, kann es um Leben oder Tod gehen. „Die verdammte Pflicht zu leben", beschwört Jan. Die Entscheidung, leben zu wollen, muss jeder selbst treffen. Jans Resümee ist eindeutig:

„JA, ES LOHNT SICH, ZU LEBEN!
ES IST GROSSARTIG, WIEDER LEBENDIG ZU SEIN –
ZU ATMEN, ZU SEHEN, ZU GEHEN, ZU HÖREN,
MIT MENSCHEN ZU TUN ZU HABEN!"

Im Alten Testament wird beschrieben, wie das Volk Israel mit Moses als Führer durch die Wüste zieht. Immer wieder tauchen Krisen und Zweifel auf. Die Israeliten werden von ihrem Gott Jahwe auf immer neue Bewährungsproben gestellt. Letztlich geht es um eine einzige Entscheidung. Sie ist im Buch Deuteronomium mehrfach formuliert:

Himmel und Erde sind meine Zeugen, dass ich euch heute vor die Wahl gestellt habe zwischen Leben und Tod, zwischen Segen und Fluch. Wählt das Leben, damit ihr und eure Kinder nicht umkommt!

Deuteronomium / 5. Mose 30,19

Die Entscheidung zwischen Leben und Tod steht hinter vielen existenziellen Fragen, die uns betreffen. Wenn sich das Leben so zuspitzt, dass es eine Lebensbilanz verlangt, ist das dramatisch:

- „Wähle das Leben!" ist ein Motto, das Jan sich erringen musste, nachdem er den Hirnschlag erlitt.
- „Wählt das Leben!" ist die Überzeugung vieler geheilter Abhängiger geworden, die den Weg aus einer schweren Sucht geschafft haben.
- „Wählt das Leben!" ist Bedingung, um nach einem Scheitern wieder neu anzufangen.
- „Wählt das Leben!" beinhaltet den Glauben an Heilung. Gleichgültig, wie gebrochen, unheil und ernüchternd das Leben bislang gewesen sein mag.

WENN WIR
TROTZ ALLER PROBLEME
UND SCHWIERIGKEITEN
DAS LEBEN WÄHLEN,
DANN ENTSCHEIDEN WIR UNS FÜR EIN MEHR:
MEHR TIEFE, MEHR SINN, MEHR HALT,
MEHR LEBENDIGKEIT, MEHR FREIHEIT.
DAS KANN HEILEN,
UNS ECHTER UND VOLLSTÄNDIGER
WERDEN LASSEN.

Und plötzlich weißt du:

ES IST ZEIT,

etwas Neues zu beginnen

und dem *Zauber des Anfangs*

zu vertrauen.

Meister Eckhart

REFLEXION

- „Wähle das Leben!" – Was löst dieser Satz bei Ihnen aus?
- Welche Krisen, Einschnitte, Grenzerfahrungen kennen Sie?
- Wie sind Sie damit umgegangen?
- Welche Fragen/Antworten lagen für Sie in den letzten Krisenzeiten?
- Wie gehen Sie mit wichtigen Entscheidungssituationen um, welche Kriterien sind Ihnen wichtig?
- Wen kennen Sie, dessen „Schicksal" Ihnen eine Lehre war? Was bedeutet das für Sie?

ÜBUNG

- Schreiben Sie Ihre Ängste, Ihre Enttäuschungen, Ihren Schmerz, Ihre Sorgen auf kleine Zettel. Werfen Sie diese symbolisch in ein Glas oder eine Schachtel und legen Sie diese zur Seite.
- Schreiben Sie ein paar bejahende Sätze über Ihr Leben, Ihre Ziele, Ihre Wünsche. Überlegen Sie, wem Sie davon erzählen können, wer Sie unterstützen könnte. Vertrauen Sie Ihren Möglichkeiten!
- Beginnen Sie Ihre persönliche Verwandlung durch eine konkrete „Aktion" in Ihrer nahen Umgebung umzusetzen: Topfen Sie eine Blume um, reparieren Sie etwas, hängen Sie ein neues Bild auf, schreiben Sie sich einen wichtigen Satz auf, schreiben Sie jemandem, der Sie bestärkt …

WEG-WEISENDES

Angenehme Vorstellungen von Dingen,
die noch nicht sind, aber sein werden,
zum Beispiel im März,
wenn wieder einmal keine einzige Knospe
zu sehen,
kein Frühlingslufthauch zu spüren ist,
während doch gegen Abend der Amselsturm
sich erhebt.
Blüten aus Terzen, Blätter aus Quinten,
Sonne aus Trillern,
ganze Landschaften aus Tönen aufgebaut.
Frühlingslandschaften,
rosa-weiße Apfelbäume vor blauen
Gewitterwolken,
Sumpfdotterbäche talabwärts,
rötlicher Schleier über den Buchenwäldern,
Sonne auf den Lidern,
Sonne auf der ausgestreckten Hand.

Alexander Solschenyzin

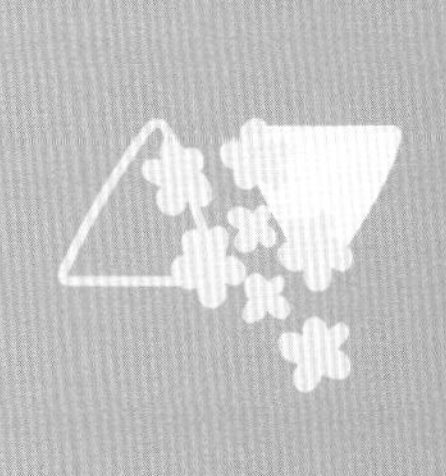

Was mir gut tut – was mir schadet

Ich mache also ständig
dieselbe ERFAHRUNG:
Das Gute
will ich tun,
aber ich tue
unausweichlich
das Böse.

Römer 7,21

Was mir gut tut – was mir schadet

Wir wählen nicht immer bewusst das Leben. Es ist auch völlig normal zu leben, ohne größere gedankliche Anstrengungen damit zu verbinden. Normal ist aber auch, dass es Lebenskrisen gibt und tiefe Erschütterungen. Wenn das Leben eng geworden ist, wenn wir das Gefühl haben, in einer Sackgasse zu stecken, dann gewinnt der Satz: „Wähle das Leben!" an Schärfe. Es ist schwierig, zwischen dem, was uns guttut und dem, was uns schadet, zu unterscheiden. Genau hier setzt das Wählen an.

Viele der „großen Heiligen" haben in ihrem Leben eine tief greifende Lebenswende erfahren, bevor sie so gelebt haben, dass man ihnen später das Prädikat „heilig" verehrt hat. „Der liebe Gott schreibt auf krummen Wegen gerade", heißt es im Volksmund. Dieser Spruch trifft auf viele Heilige zu.
Das gilt auch für Ignatius von Loyola. Er rückt zunächst durch seinen Hang zum Glücksspiel, Frauengeschichten und Raufhändel recht unrühmlich ins Licht der Öffentlichkeit. Als er während der Belagerung durch die Franzosen von einer Kanonenkugel am Bein verletzt wird und monatelang auf dem Krankenlager liegt, ändert er sein Leben grundlegend.

Ignatius liest in dieser Zeit viel und lernt zwischen Gedanken und Vorstellungen, die ihn glücklich stimmen, und solchen, die Unruhe in ihm auslösen, zu unterscheiden. Diese Unterscheidung ist die Grundlage für sein späteres spirituelles Meisterwerk, die ignatianischen Exerzitien. Ihr Kern ist die „Lehre von der Unterscheidung der Geister", deren Inhalt, verkürzt, besagt, dass es Dinge gibt, die uns guttun, und Dinge, die uns schaden, und dass es möglich ist, das eine vom anderen zu unterscheiden.
Übersetzen wir „Geister" mit „Stimmen" oder „Gestimmtheit", können wir Ignatius leichter folgen. Ignatius unterscheidet zwischen jenen äußeren Dingen, die uns inneren Trost geben, und solchen, die Hoffnungslosigkeit verursachen. Mit diesem Entscheidungskriterium können wir zwischen Alternativen wählen.

WIR KÖNNEN SPÜREN,
WANN WIR AUF EINEM GUTEN WEG SIND
UND WANN WIR UNS SELBST
ETWAS VORMACHEN.

Ignatius' Lehre ist heute noch so bedeutsam, weil sie viele praktische Tipps enthält, die sich in abgewandelter Form sogar in Management- und Beratungslehrbüchern finden. Zu den wesentlichen „Tipps" gehört, dass es zunächst gut ist, sich die gerade aufgebrochene Lebensfrage genau vor Augen zu führen. Wir sollen verstehen lernen, um was es eigentlich gerade geht: Solche Fragen können eine ganz unterschiedliche Tragweite haben. Ein paar Beispiele mögen das veranschaulichen:

- Wie kann ich mehr Fülle in mein Arbeitsleben einbringen?
- Wie kann ich als Mutter, Vater, Partner*in im Beruf mehr ich selbst sein?
- Wie kann ich lernen, mit einer bestimmten Krankheit zu leben?
- Warum erscheint mir mein Leben unerträglich?
- Ist eine bestimmte Beziehung gut für mich?
- Was mag ich an mir?
- Wie kann ich kreativer werden?

Ignatius rät dazu, das Für und Wider einer Frage aufzulisten, sorgfältig abzuwägen und dann zu entscheiden. Er unterscheidet bei allen Antworten zwischen dem, was „Trost" (innere Freude, Zunahme an Glauben, Hoffnung und Liebe, Ruhe, Frieden, Unabhängigkeit) gibt und dem, was zu „Trostlosigkeit" (Dunkelheit, Verwirrung, Unruhe, Trägheit, Traurigkeit, Lauheit) führt. Weiter rät er, in Zeiten der Trostlosigkeit keine Entschlüsse zu fassen, sondern Geduld zu haben. Zeiten des Trostes dagegen lassen sich als innere Reserve bewahren. Ignatius weiß um den Unterschied zwischen echtem und scheinbarem Trost – Ersatzbefriedigungen, würde man heute sagen. Er rät zu einer verfeinerten Selbstwahrnehmung, um sich nicht mit diesen Ersatzbefriedigungen zufrieden zu geben, um suchend zu bleiben, ohne süchtig zu werden.

Es bedarf der Übung, um innere Vorgänge sorgfältig zu beobachten und ihre wegweisende Kraft zu erkennen. Spirituelles Wachstum geht mit der Erkenntnis einher, dass es schwierig

ist, die eigene tiefe Wahrheit von anderen Stimmen zu unterscheiden. Es ist ebenso schwer, Gefühle wie Trauer, Schuld oder Leere zu ertragen.
Nicht immer werden wir allein weiterführende Schritte finden oder diese von möglichen Rückschritten unterscheiden können. Hier gilt es, „Lehrer" zu finden, um uns selbst verstehen zu lernen, um tiefere kreative und spirituelle Kräfte schöpfen zu können. Solche Lehrer können Begleiter in Exerzitienhäusern sein, Therapeuten, Beraterinnen, verständige Freunde, auch Bücher oder Bilder – kurzum alles, was dazu dient, Antworten auf die Lebensfragen zu finden. Wichtig ist, dass wir bei der Wahl dieser „Lehrer" auf unsere innere Stimme hören und ihr auch vertrauen.
Vertrauenswürdige Antworten sind nie solche, die beschämen, gefährden, zu unbesonnenen Dingen verleiten, aufstacheln, hetzen oder uns mit Schuldgefühlen beladen. Stimmen, denen wir vertrauen können, führen zum Einklang mit uns selbst.

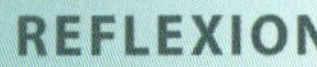

REFLEXION

- Welche Fragen, Lebensthemen treiben Sie (mitunter) um?
- Welcher Art sind die Antwortversuche, die Sie kennen?
- Wo suchen Sie Unterstützung bei Ihren Fragen – bei wem?
- Wie unterscheiden Sie, was Ihnen guttut und was nicht?
- Wie gehen Sie mit verwirrenden Gefühlen um?

ÜBUNG

- Schreiben Sie Themen auf, die Sie im Moment beschäftigen, die nach einer Lösung oder Entscheidung verlangen.
- Schreiben Sie alle in Frage kommenden Lösungs-/Entscheidungsmöglichkeiten auf gesonderte Blätter. Schreiben Sie im Laufe der folgenden Tage auf die einzelnen Blätter, was die jeweilige Lösung oder Entscheidung an Gefühlen, Befürchtungen, Erwartungen in Ihnen auslöst.
- Wenn Sie spüren, dass Sie alles Wichtige zu Papier gebracht haben, vergleichen Sie Ihre Beobachtungen. Möglicherweise stoßen Sie zu tiefer liegenden Gefühlen und Antrieben vor, die Sie sich jetzt bewusst machen können.
- Schauen Sie, welche der möglichen Wege Sie ruhiger, freudiger, kraftvoller stimmen und welche Sie unruhig oder ängstlich werden lassen.
- Wenn Sie mögen, suchen Sie sich einen Gesprächspartner, der Sie bei Ihrer Suche unterstützt.
- Machen Sie sich klar, dass Sie vielleicht einen Prozess erkennen, der sehr lange dauern kann.
- Das Ziel dieser Übung ist es, Klarheit zu gewinnen und Ihren Weg hoffnungsvoll zu betrachten.

Sei DU
SELBST
die Veränderung,
die du dir wünschst,
für diese Welt.

Mahatma Ghandi

WEG-WEISENDES

Ich weiß wohl, dass in mir nichts Gutes wohnt. ... Ich will eigentlich Gutes tun und tue doch das Schlechte; ich verabscheue das Böse, aber ich tue es dennoch. ... Ich stimme Gottes Gesetz aus tiefster Überzeugung und mit Freude zu. Dennoch handle ich nach einem anderen Gesetz, das in mir wohnt. Dieses Gesetz kämpft gegen das, was ich innerlich als richtig erkannt habe, und macht mich zu seinem Gefangenen.

Römer 7,18ff.

DENN
**NICHT DAS VIELWISSEN
SÄTTIGT UND BEFRIEDIGT
DIE SEELE,** SONDERN
DAS VERSPÜREN UND VERKOSTEN
DER DINGE VON INNEN HER.

Ignatius von Loyola

HABEN SIE GEDULD
GEGEN ALLES UNGELÖSTE
IN IHREM HERZEN UND VERSUCHEN SIE
DIE FRAGEN SELBST LIEBZUHABEN
WIE VERSCHLOSSENE STUBEN UND WIE BÜCHER,
DIE IN EINER FREMDEN SPRACHE GESCHRIEBEN SIND …
LEBEN SIE JETZT DIE FRAGEN.
VIELLEICHT LEBEN SIE DANN ALLMÄHLICH,
OHNE ES ZU MERKEN, EINES FERNEN TAGES
IN DIE ANTWORT HINEIN.

Rainer Maria Rilke

Gesund werden –
achtsam mit mir
und anderen

Liebe ist vielleicht
das Schwerste,
was uns aufgegeben ist,
das ÄUSSERSTE,
die letzte Probe und
PRÜFUNG,
die Arbeit, für die alle andere
Arbeit nur Vorbereitung
ist.

Rainer Maria Rilke

Gesund werden – achtsam mit mir und anderen

Es ist ein Prozess, wenn wir herausfinden wollen, was uns guttut und was nicht. Unweigerlich stoßen wir dabei an Grenzen: unsere eigenen und die der anderen. Wir alle kennen das Gefühl, dass wir nicht beachtet, nicht genügend gewürdigt, nicht wirklich wahrgenommen werden. Aber – würdigen wir uns selbst? Nehmen wir uns ernst? Geben wir uns selbst die Aufmerksamkeit, die wir uns wünschen? Kennen und beachten wir unsere tiefsten Bedürfnisse?

Als Jesus einmal nach dem wichtigsten Gebot gefragt wird, zitiert er die Thora: *„Du sollst den Herrn, deinen Gott, lieben von ganzem Herzen, mit ganzer Hingabe und mit deinem ganzen Verstand." Das ist das erste und wichtigste Gebot. Ebenso wichtig ist aber ein zweites: „Liebe deinen Mitmenschen wie dich selbst."*

Matthäus 22,37ff.

Dies ist einer der wichtigsten Sätze der ganzen Bibel. Selbstliebe setzt voraus, dass wir uns selber würdigen können. Sich selbst mit Respekt, Liebe und Zuneigung gegenüberzutreten hat nichts mit Egoismus zu tun. Selbstliebe ist die Voraussetzung dafür, dass wir andere überhaupt lieben können.

Wenn wir Rücksicht auf uns nehmen, übernehmen wir auch die Verantwortung für unser eigenes geistiges und seelisches Wachstum und für unsere eigene Gesundheit. Es bedeutet, dass wir die Wahrnehmung für uns selbst schärfen, dass wir sensibel für uns werden. Im Buddhismus wird dafür der Begriff der „Achtsamkeit" verwendet. Auch hier ist gemeint, dass wir aufmerksam sind, dass wir im Hier und Jetzt leben und uns bewusst uns und einander zuwenden.
Der liebevolle Kontakt, den wir zu uns selbst unterhalten, ist eine wesentliche Voraussetzung für echte Begegnung mit anderen Menschen. Wenn wir an Leib und Seele gesunden, gesunden auch unsere Beziehungen zu anderen.

Die Äbtissin Hildegard von Bingen hat das bereits im Mittelalter so ausgedrückt: *Der Mensch ist Bild und Geschöpf Gottes. Der Mensch verwirklicht sich durch andere und im Umgang mit der Welt.* Unter den Voraussetzungen der mittelalterlichen Medizin schuf Hildegard eine eigene Heil- und Lebenskunde, ein klug erarbeitetes Kompendium psychosomatischer Medizin: *Die Seele durchfließt den Leib wie der Saft den Baum,* schrieb sie und setzte damit selbstverständlich voraus, dass die Heilung des Körpers und die Heilung der Seele zusammengehören.

Wenn wir uns selbst lieben, werden wir unseren eigenen Körper und seine Gesundheit achten. Wir werden pfleglich mit uns umgehen. Ein Heilungsprozess umfasst für Hildegard immer alles: Körper, Seele, Verstand und Gemüt – Gesundwerden bedeutet eine Revolution von Lebensstil und Lebenszielen.

Im Grunde spricht Hildegard von Bingen von der „Ganzheitlichkeit". Diese Voraussetzung von Gesundung ist also beileibe keine Entdeckung der Moderne.

SCHON FÜR HILDEGARD STAND EINDEUTIG FEST, DASS **NUR DER GANZE MENSCH ZU LEBENSQUALITÄT, FREUDE, FREIHEIT,** ZU **ECHTER KÖRPERLICHER UND GEISTIGER BEWEGLICHKEIT FINDET.** ALSO NICHT AUFOPFERUNG BIS HIN ZUM BURN-OUT MACHT DIE NÄCHSTENLIEBE AUS, **SONDERN EINE ZUWENDUNG,** DIE AUS GESUNDER, STARKER **SELBSTLIEBE** ENTSPRINGT.

Was bedeutet das konkret? Zunächst müssen wir unseren Standpunkt wechseln: Wir müssen uns in „Betracht ziehen". Das heißt nichts anderes, als dass wir uns wie einen Freund, eine Freundin anschauen, wie einen Geliebten oder eine Geliebte. Wir können uns dazu ganz praktisch vor einen Spiegel stellen und laut und deutlich und sehr freundlich sagen: „Ich bin tatsächlich ganz und gar liebenswert."

Diese Übung mag anfangs lächerlich, geradezu peinlich sein. Wir sind es nicht gewohnt, so positiv von uns zu denken, geschweige denn zu sprechen. Aber wir können nicht wirklich anderen in Liebe begegnen, wenn wir uns selbst ablehnen. Fassen wir also Mut und betrachten wir uns mit anderen Augen: Würdigen wir die Seiten, die uns besonders an uns gefallen, die uns Vergnügen bereiten und unser Selbstwertgefühl steigern.

Nehmen wir uns die Zeit und denken wir wohlwollend über uns selbst nach. Schätzen wir unser Können, achten wir unsere Überzeugungen, seien wir stolz auf unser Wissen.

Diese Betrachtung braucht Zeit. Unsere Haltungen, Sichtweisen und Überzeugungen haben eine lange Zeit gebraucht, um sich zu entwickeln. Sie zu ändern braucht ebenfalls Zeit. Es verlangt stete Übung und vor allem den Glauben an unsere eigenen Möglichkeiten, an unsere Liebenswürdigkeit.
Die Gefahr liegt darin, dass wir geneigt sind, uns selbst aufzugeben, weil wir anderen gefallen wollen. Wir überspringen leichten Herzens unsere Grenzen und sind bereit, uns selbst in den Hintergrund zu drängen, um die Liebe eines anderen zu erringen. Wenn wir uns selbst aber genauso lieben, werden wir auch auf unsere Grenzen achten können. Wir werden dann sorgfältig abwägen, wie viel wir zu geben bereit sind. *Das Seil über den Abgrund wird von denen gespannt, die es im Himmel festmachen,* hat Dag Hammarskjöld geschrieben.

Wenn wir unsere eigenen Bemühungen – die um uns selbst und die um andere – im Himmel festmachen, können wir uns von dem übergroßen Druck befreien, einem bestimmten Ideal zu entsprechen oder es anderen immer recht machen zu wollen. Wir können uns entlasten von der Vorstellung, uns Anerkennung erarbeiten oder verdienen zu müssen.

UNS IM HIMMEL FESTMACHEN,
UM DEN SEILTANZ DES LEBENS UND LIEBENS ZU LERNEN,
KÖNNEN WIR NUR, WENN WIR UNS **VON ALLZU VIEL SORGEN UND ÄNGSTEN BEFREIEN.**
WENN WIR ANGEFÜLLT SIND MIT NOT,
IST SCHLICHT KEIN PLATZ MEHR
FÜR ETWAS NEUES.

REFLEXION

- „Sein eigenes Seil über dem Abgrund im Himmel festmachen“ was bedeutet dieser Satz für Sie?
- Welche liebevollen Dinge haben Sie in letzter Zeit für andere getan?
- Welche liebevollen Dinge / Gedanken hatten Sie in letzter Zeit für sich selbst?
- Was können Sie in nächster Zeit für sich selbst tun?
- Was würde Ihrem Körper guttun? Was möchten Sie realisieren? Was benötigen Sie dazu?
- Wie viel Zeit und Aufmerksamkeit schenken Sie sich – und den Menschen, mit denen Sie zusammenleben oder -arbeiten?
- Was wünschen Sie sich? Wie ließe sich das umsetzen?

EIN TROPFEN
Liebe ist mehr
als ein Ozean
Verstand.

Blaise Pascal

ÜBUNG

①

- Legen Sie eine Liste von Dingen an, auf die Sie sich bei sich selbst verlassen können. Achten Sie darauf, dass es Dinge sind, deren Sie sich sicher sein können.
- Lassen Sie alles weg, was mit anderen zu tun hat. Schreiben Sie alles auf, was Ihnen einfällt (z. B.: Ich kann mich darauf verlassen, dass ich gut singen kann. Ich kann mich auf mein Händchen für Pflanzen verlassen. Ich kann mich darauf verlassen, Kinder begeistern zu können).
- Wenn Sie mögen, gestalten Sie diese Liste. So können Sie z. B. den einzelnen Bereichen oder Fähigkeiten Farben zuordnen. Veranschaulichen Sie sich auf Ihre Weise Ihre persönliche „Schatzkiste".

②

- Schreiben Sie einen Brief an sich selbst. Beginnen Sie mit den kritischen Punkten, was Sie z. B. bei der Sorge um sich selbst vernachlässigen oder was Ihnen in der Beziehung zu sich selbst Angst macht.
- Fahren Sie fort und schreiben Sie auf, was Sie sich wünschen, wonach Sie sich sehnen. Grenzen Sie Ihre Fantasie dabei nicht ein. Geben Sie zum Schluss Ihrer Liebe zu sich selbst Ausdruck.
- Schicken Sie den Brief ab, sodass Sie ihn tatsächlich erhalten.

③

- Malen Sie einen großen Kreis und teilen Sie ihn in „Tortenstücke" ein, die für unterschiedliche Bereiche in Ihrem Leben stehen (Hausarbeit, Zeit mit den Kindern, Schlaf, Beruf, Freundschaften, Sport). Geben Sie den einzelnen „Tortenstücken" die Größe, die diese jetzt in Ihrem Leben haben (für einen Tag / eine Woche / einen Monat), geben Sie den einzelnen Stücken eine passende Farbe.
- Malen Sie einen weiteren Kreis mit der für Sie optimalen Größe der einzelnen Kuchenstücke.
- Betrachten Sie die beiden Kreise. Schreiben Sie auf, was Ihnen einfällt. Markieren Sie die für Sie bedeutendste Erkenntnis oder den wichtigsten Wunsch.

WEG-WEISENDES

Wir müssen auf die Stimme unserer Seele hören,
wenn wir gesunden wollen.
Letztlich sind wir hier,
weil es kein Entrinnen vor uns selbst gibt.
Solange wir uns nicht selbst
in den Augen und Herzen
unserer Mitmenschen begegnen,
sind wir auf der Flucht.

Solange wir nicht erlauben,
dass unsere Mitmenschen
an unserem Innersten teilhaben,
gibt es keine Geborgenheit.

Nach Hildegard von Bingen

ES GIBT KEIN BEGLÜCKENDERES GEFÜHL, ALS **ZU SPÜREN, DASS MAN FÜR ANDERE MENSCHEN ETWAS SEIN KANN.**

Dietrich Bonhoeffer

DA WO LIEBE IST, IST DER SINN DES LEBENS ERFÜLLT.

Dietrich Bonhoeffer

DER HIMMEL AUF ERDEN IST ÜBERALL, **WO EIN MENSCH VON LIEBE** ZU GOTT, ZU SEINEN MITMENSCHEN UND ZU SICH SELBST **ERFÜLLT IST.**

Hildegard von Bingen

Schöpferisch arbeiten – eigene Werte setzen

Was also hat der Mensch davon,
dass er sich abmüht? …
Für alles auf der Welt hat Gott schon
vorher die rechte Zeit bestimmt.
In das Herz des Menschen hat er den Wunsch gelegt,
nach dem zu fragen, was ewig ist. …
So kam ich zu dem Schluss, dass es für den Menschen
nichts Besseres gibt, als

fröhlich zu sein
und DAS LEBEN
zu GENIESSEN.

Wenn er zu essen und zu trinken hat
und sich über die Früchte seiner Arbeit
freuen kann, ist das

GOTTES
GESCHENK.

Kohelet/Prediger 3,9ff.

Schöpferisch arbeiten – eigene Werte setzen

„Ora et labora." – Bete und arbeite. Diesen kurzen Spruch verdanken wir Benedikt von Nursia, dem Gründer des Benediktinerordens. Für Ordensleute ist das sicherlich ein gutes Gebot, schließlich gehen sie ihm täglich nach und finden darin die Struktur für ihr ganzes Leben. Aber für uns, die wir in Betrieben, Unternehmen und in der Familie tagtäglich unser Pensum schaffen müssen, passt das „Beten und Arbeiten" doch wohl eher weniger, oder?

Betrachten wir die Redewendung „Ora et labora" genauer. „Labor" (Arbeit) meint zunächst tatsächlich eine konkrete (handwerkliche) Arbeit. Andererseits steht Labor aber auch für die Mühe, die Anstrengung an sich. „Ora et labora" kann man also auch mit „Beten und sich mühen" oder: „Beten und sich anstrengen" übersetzen. Genau dies hat Benedikt gemeint:

ARBEIT IST EIN WEG,
AUF DEM WIR **UNSEREM WAHREN ICH,**
UNSERER **BEZIEHUNG ZU GOTT**
ZUM DURCHBRUCH VERHELFEN.

Mit „Ora et labora“ fanden die Ordensleute zu einem ruhigen Fluss des täglichen Lebens. Das stete, ruhige Arbeiten und Beten bildet den Anker, der die schweifende Fantasie und die Flüchtigkeit des Geistes bindet. Es geht beim „Beten und Arbeiten“ um die innere Sammlung. In der festen Abfolge von Arbeit und Gebet sammelt sich der unruhige Geist. Der Mensch wird konzentrierter und bewusster.
Benedikt verstand auch die Arbeit als Gottesdienst. Für ihn war sie etwas Heiliges, etwas, das dem Heilsein, dem Ganzsein dient. Es geht dabei nicht um den höheren Ertrag und die größere Leistung. Es geht nicht um Erfolg, Ansehen oder Anerkennung. Stress und Hektik sind für Benedikt nämlich Ausdruck des „ungelassenen Menschen“, der aus Angst um seine Anerkennung und Bestätigung nicht mehr gelassen arbeiten kann. Gelassenheit, so Benedikt, bedeutet, seine Kraft ganz von Gott her zu beziehen und darauf zu vertrauen, dass er unsere Schwachheit vollendet.

So gesehen hat das „Ora et labora“ auch für uns seinen Sinn: Wir können uns frei machen von falschem Größenwahn und unangebrachten Minderwertigkeitsgefühlen. Wir können das Machbare tun, das Wichtige erledigen, ein verlässlicher Kollege und eine Säule der Familie sein.
Wenn wir die Arbeit als etwas verstehen, das wir tun, um uns wirklich zu freuen bei dem, was wir tun, dann ist der Weg das Ziel. Arbeit wird zum Seelenweg, der uns tiefer zu uns selbst bringt. Nicht die Diskussion, wie viel Arbeit und wie viel Freizeit der Mensch braucht, interessierte die weisen Mönche. Sie wollten wissen, wie die Muße in der Arbeit zu finden ist.

Dabei waren sie überzeugt, dass die Grenze, an die man durch Arbeit und Erschöpfung gelangt, ein Tor zu innerer Erkenntnis und Sammlung öffnen kann.

SCHÖPFERISCH ODER KREATIV SIND WIR,
WENN GEIST UND VERSTAND,
SINNE UND SEELE ZUSAMMEN KLINGEN.
AUS DER EIGENEN MITTE, AUS UNSEREM ZENTRUM
ENTSTEHT **SCHÖPFERISCHES.**

In dieser Mitte zu bleiben, darum geht es den alten Mönchen. Aus sich selbst schöpfen statt Leerlaufen ist gemeint – wer sich zentriert, der gewinnt Seelenglück. Das kann bedeuten, dass wir unseren eigenen Wert nicht allein aus der Arbeit beziehen. Vielleicht setzen wir neue Prioritäten, wie familiäre oder freundschaftliche Beziehungen, ein politisches oder gesellschaftliches Engagement, eine kreative, künstlerische Tätigkeit.

„Ora et labora" – warum nicht die „Latte niedriger legen"? Mitten in den alltäglichen Arbeitsvollzügen lassen sich schöpferische Pausen einlegen. Es entspannt, wenn wir auf dem Weg zur Arbeit oder nach Hause im Auto Musik hören. Wir können die Radfahrt ins Büro genießen, ein freundliches Gespräch am Kiosk führen, zwischendurch eine Atem- oder Körperübung machen, innehalten oder ausdrücklich beten ... Es gibt viele Möglichkeiten, wie wir mitten im Alltag aus unserer eigenen Mitte Kraft schöpfen, um wieder gestärkt und friedlich zu tun, was zu tun ist.

So kann der Mut zu größeren Entscheidungen wachsen: Eine Stundenreduzierung kann die Arbeitszufriedenheit womöglich erhöhen; auch als erfolgreicher Geschäftsmann ist eine Auszeit als Vater vorstellbar; eine Umschulung wird denkbar, ein neues Engagement entsteht. So verstanden ist „Ora et labora" eine Haltung, die heute noch so aktuell ist wie vor 1500 Jahren. Sie ist vielleicht sogar unentbehrlich, wenn wir wertvolle Erkenntnisse und Erfahrungen bezüglich unseres eigenen „Seelenglücks" auch in den schnöden (Arbeits-)Alltag integrieren wollen.

REFLEXION

- Welche Bedeutung hat Arbeit für Sie?
- Welche Erfahrungen mit Arbeit haben Sie?
- Welche Bedürfnisse verbinden Sie mit Arbeit?
- Was trägt dazu bei, dass Ihre Arbeit schöpferisch ist?
- Was können Sie tun, um sich vor Ruhelosigkeit, Burn-out, Stress zu schützen – kurzfristig und langfristig? Welche Schritte möchten Sie gehen?
- Welcher Art wäre die Arbeit, die Ihnen am ehesten entspricht? Was können Sie tun, um diesem Ziel näherzukommen?
- „Ora et labora", die Verbindung von äußerem Tätigsein und Innehalten. Lässt sich das in Ihren (Arbeits-)Alltag integrieren? Was ist dazu nötig?

ÜBUNG

Versuchen Sie herauszufinden, was Ihren schöpferischen, kreativen Möglichkeiten im Weg steht. Lassen Sie die folgenden Fragen auf sich wirken und nehmen Sie wahr, wo Ihre „wunden Punkte" sind – suchen Sie sich aus den Vorsätzen diejenigen heraus, die für Sie am zutreffendsten sind:

- Welche Ihrer Gewohnheiten steht Ihrer Kreativität und Schaffensfreude im Wege?
- Was könnte ein Problem sein und was könnten Sie dagegen unternehmen?
- Was haben Sie davon, an einer bestimmten Blockierung festzuhalten?
- Welche Ihrer Freund*innen bringen Sie dazu, an sich selbst zu zweifeln oder Ihre eigenen Selbstzweifel zu verstärken? Warum halten Sie an diesen Freund*innen fest?
- Welche Ihrer Freund*innen glauben an Ihr Talent bzw. lassen Sie Ihr Talent spüren?

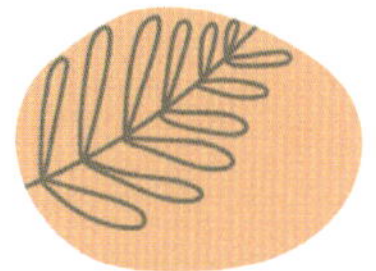

Ich schlief *und träumte*,
das Leben sei Freude.
Ich *erwachte* und sah,
das Leben war Pflicht.
Ich *handelte* und siehe,
das Leben war
FREUDE.

Rabindranath Tagore

Mögliche Verhaltensweisen, um eigene Werte in Bezug auf Arbeit zu finden:

- Wenn Sie sich darüber klar werden, dass Ihre Abende normalerweise durch Extraaufgaben ausgefüllt sind, dann geben Sie sich eine Regel – z. B.: Keine Arbeit nach 18 Uhr.
- Wenn Sie sich zu viele Aufgaben und zu viele Stunden aufgehalst haben, dann sollten Sie sich Ihre Preise anschauen. Lassen Sie sich angemessen bezahlen? Erhöhen Sie die Preise oder verringern Sie Ihre Arbeitslast.
- Stellen Sie nicht länger Ihre Arbeit über Ihre kreativen oder gesundheitlichen Interessen (nach Möglichkeit keine Klavierstunde / Fitnessstunde absagen wegen einer zusätzlichen Verpflichtung).
- Wenn Sie gern eine Stunde morgens für sich haben möchten, um zu meditieren, zu joggen, spazieren zu gehen, zu schreiben ..., lassen Sie sich nicht dadurch unterbrechen, dass Sie Socken suchen, Frühstück machen, bügeln o. Ä.
- Nehmen Sie sich vor, am Wochenende / nach 18 Uhr nicht zu arbeiten.

WEG-WEISENDES

*Denke immer daran,
dass es nur eine wichtige Zeit gibt:
Heute. Hier. Jetzt!*

Leo Tolstoi

**IHR SEID SO JUNG WIE EUER GLAUBE.
SO ALT WIE EURE ZWEIFEL.**
SO JUNG WIE EUER SELBSTVERTRAUEN.
SO ALT WIE EURE NIEDERGESCHLAGENHEIT.
IHR WERDET JUNG BLEIBEN,
SOLANGE IHR AUFNAHMEBEREIT BLEIBT:
MPFÄNGLICH FÜR DAS SCHÖNE, GUTE UND GROSSE;
EMPFÄNGLICH FÜR DIE BOTSCHAFT DER NATUR,
DER MITMENSCHEN, DES UNFASSLICHEN.
LLTE EUER HERZ GEÄTZT WERDEN VON PESSIMISMUS,
ZERNAGT VON ZYNISMUS,
DANN MÖGE GOTT ERBARMEN HABEN
MIT EURER SEELE.

Marc Aurel

Das Dunkle akzeptieren

Hat unsere Welt
SCHRECKEN,
so sind es unsere Schrecken,
hat sie ABGRÜNDE,
so gehören diese Abgründe uns,
sind GEFAHREN da,
so müssen wir
versuchen, sie zu *lieben*.

Rainer Maria Rilke

Das Dunkle akzeptieren

Der Weg zu sich selbst, zum Seelenglück, ist nicht einfach, sodass man ihn problemlos beschreiten könnte. Selbst wenn wir uns manchmal in innerer Harmonie befinden – wir werden nicht darin verharren können. Es ist kein Ziel, den Frieden in sich zu bergen, sondern ein Weg, der ständig neu beschritten werden muss. Und das ist auf unterschiedlichen Wegstrecken unterschiedlich schwer.

Weil das so ist, leben selbst die, die sich immer mal wieder zurückziehen und auf sich selbst besinnen, selbst die, die durch Schicksalsschläge weiser geworden sind, selbst die Frommen, die Achtsamen und die, die es verstehen, Arbeit und Muße in Einklang zu bringen, nicht in dauerndem Seelenglück. Es gibt Zeiten, in denen sich einfache Tipps verbieten, in denen alle Weisheit an ein Ende kommt.

Trauer, Verletzung, Schuld, Ungerechtigkeit, Gewalt sind in unterschiedlichen Ausprägungen vorhanden – die Dunkelheiten des Lebens begegnen uns unabhängig von unserer persönlichen Lebensführung oder -haltung. Sie können zur Quelle von Unruhe, Unfrieden, Zynismus, Gleichgültigkeit oder Hass werden – alles andere als „Seelenglück".

Im Alten Testament bringt die Geschichte von Hiob das menschliche Fragen, das Hadern angesichts des Dunklen auf den Punkt. Der gottesfürchtige Hiob, so erzählt die Geschichte, verliert zuerst seinen Besitz, dann seine Kinder und wird schließlich selbst sehr schwer krank. Seine Frau rät ihm, Gott zu verfluchen. Seine Freunde sind überzeugt, dass er all sein Leid selbst verschuldet hat. Hiob aber beteuert immer wieder seine Unschuld.
Die Geschichte von Hiob hat eine Rahmenhandlung: Gott, so heißt es da, gibt Satan die ausdrückliche Erlaubnis, Hiob zu prüfen, ihn in Versuchung zu führen. Gott ist sich sicher, dass Hiob allen Versuchungen und allen Prüfungen zum Trotz auf ihn vertrauen wird. Tatsächlich erweist sich Hiob dieses Vertrauens würdig. Aber er ist kein Held, der mit unbewegter Miene allen Schicksalsschlägen trotzt. Er nimmt sich das Recht heraus und hadert mit Gott. Er klagt, er verlangt Antworten. Hiobs größte Leistung ist, dass er all seine Prüfungen übersteht, ohne je seinen Glauben zu verlieren.

SEIT ES MENSCHEN GIBT,
HADERN SIE MIT IHREM SCHICKSAL.
SIE VERZWEIFELN AN IHREM LEBEN,
DAS GLÜCK UND UNGLÜCK,
LICHT UND DUNKELHEIT,
SCHMERZ UND FREUDE
ZU UNGLEICHEN ANTEILEN
IN SICH BIRGT.

Menschliches Leid, Katastrophen, gesellschaftliche Krisen, schuldhafte Verstrickungen beschwören Fragen herauf. Bilder beschreiben die Untröstlichkeit des Menschen, der sich in dunkelster Nacht ausgesetzt fühlt, der am Abgrund steht, erschüttert und zutiefst verängstigt von dem, was ihm widerfahren ist. Je aufmerksamer wir uns selbst gegenüber werden, je bewusster wir leben, je offener wir für unsere eigene Mitte und für Gott sind, desto mehr spüren wir auch das sinnlose, von aller Lebendigkeit trennende Leiden, desto schmerzlicher ist das „Warum".

Die Welt ist voller Nichtverstehen und Ungerechtigkeit. Angesichts der Realitäten zu verzweifeln, wegen der eigenen Macht- und Kraftlosigkeit zynisch oder depressiv zu werden oder gleichgültig, vielleicht sogar böse, liegt nahe. Die Liebe zum Leben, zu sich selbst, zu den anderen trotz alledem durchzuhalten ist eine Kunst. Alle in den vorangegangenen Kapiteln beschriebenen Anstöße zu mehr Lebensfreude, mehr Liebesfähigkeit, mehr Präsenz sind nicht ohne Belang – möglicherweise aber müssen sie sich behaupten. Das „Bei sich selbst bleiben" kann zu Konflikten führen, wenn Wettbewerb und hohe Leistungsanforderungen gefragt sind; es kann einsam machen, wenn äußere Werte über die Zugehörigkeit zu einer bestimmten Gruppe entscheiden, oder wenn die eigene Haltung Verbundenheit erfordert, wenn kein Beifall dafür zu erwarten ist. Es heißt, sagen, was ist, auch wenn es unbequem ist; vertrauen, auch wenn es keine Sicherheit gibt; lieben, wo es sinnlos erscheinen mag.

SCHMERZ, SCHATTEN, TRAUER
NICHT BESEITIGEN,
NICHT DURCH SCHNELLE ZERSTREUUNG
DAVON ABLENKEN, SONDERN VIELMEHR **AUSHALTEN,**
WAS SICH NICHT ÄNDERN LÄSST,
DAS BRAUCHT
DIE AUFMERKSAMKEIT DER ALLTAGSLIEBE,
DAS VERTRAUEN IN DIE KRAFT
DES EINFACHEN DASEINS.

Dunkelheit als einen Teil des Lebens akzeptieren, das ist die Richtung, die in der christlichen Mystik, aber auch in Märchen, Mythen, Sagen und Legenden zu finden ist. Die Helden müssen dunkle Wälder durchqueren, grausige Ungeheuer besiegen oder reißende Ströme überqueren, um zum Ziel zu gelangen, um ihr Glück zu machen.

Gott, so sagen es die christlichen Mystiker, ist auch ein „Gott der Finsternis". Besonders Johannes vom Kreuz beschreibt Bilder wie die „dunkle Nacht der Seele" oder „das Umarmen der Dunkelheit": Bilder eines tiefen Glaubens angesichts einer unverständlichen Wirklichkeit. Mit 18 Jahren trat Johannes in den Karmeliterorden ein, dessen verwahrloster Zustand ihm mehr und mehr zum Ärgernis wurde. Zusammen mit Teresa von Avila arbeitete er an der Reform seines Ordens und wurde deshalb von seinen Gegnern vor die Inquisitionsgerichte gestellt, in die Kerker von Toledo geworfen und grausamen Quälereien ausgesetzt. Diese Kerkerzeit wurde zur eigentlichen Mitte seiner Gotteserfahrung, die Johannes in visionärmystischer Dichtung beschreibt.

Dennoch: Auch wenn unser Leben auf viel „kleinerer Flamme kocht" als beispielsweise das des Mystikers Johannes vom Kreuz, so lässt sich eine Essenz dessen, was er errungen hat, verstehen:

IM RINGEN NACH SINN
DAS LEBEN, DIE LIEBE, GOTT NICHT AUFGEBEN –
DARUM GEHT ES.

Johannes war extremen seelischen und körperlichen Zerreißproben ausgesetzt. Seine Texte bezeugen einen engen Zusammenhang zwischen Gefühlen tiefster Gottverlassenheit, tiefstem Dunkel auf der einen Seite und höchster Freude, hellem Licht auf der anderen Seite: Gott stellt ins absolute Dunkel, aber er holt auch wieder ans Licht. Gott wird für die, die ihn bis in alle Tiefen erfahren, zur Zumutung. Die Psalmen des Alten Testaments drücken immer wieder die Erfahrung der Gottferne aus: „Mein Gott, mein Gott, warum hast du mich verlassen" – ein Psalmvers, den selbst Jesus betet, bevor er stirbt.
Auch wenn sich die „Dunkelheiten" eines Johannes vom Kreuz oder die Qualen eines Hiob nicht einfach übertragen lassen: Was diese „Frommen" lehren, ist, dass es eine Haltung gibt, den unlösbaren Fragen zu begegnen.

DAHINTER STEHT DIE **ERKENNTNIS,**
DASS DUNKELHEITEN ZUM LEBEN GEHÖREN,
DASS ES GRENZEN DES MACHBAREN UND
DES VERSTEHBAREN GIBT. **AM GLAUBEN FESTHALTEN**
HEISST VERSTEHEN, DASS ES DARUM GEHT,
DIE LEBENDIGKEIT, DAS ECHTE, DIE HOFFNUNG,
DIE LIEBE AUFRECHTZUERHALTEN.

Nicht schicksalsergeben, sondern schicksalsbejahend könnte man diese Haltung nennen, die zuweilen sogar kämpferisch macht. Menschen, die in dieser Haltung leben, können wirkliche Nähe, echten Trost, stärkende Solidarität geben.
Ohnmachtserfahrungen angesichts von allzu Bedrückendem im gesellschaftlichen oder persönlichen Leben durchstehen und – wie Hiob – weiter „gottesfürchtig", „treu" oder, anders ausgedrückt, lebensbejahend, liebend bleiben, kann sehr unterschiedlich aussehen: Da sind die, die sich für gerechtere Verhältnisse einsetzen, die Hunger oder Katastrophen, Kriege und Verfolgung benennen und initiativ werden; die die ungerechte Verteilung von Gütern und Chancen bekämpfen. Da sind Menschen mit unheilbaren Krankheiten, die daraus Kraft entwickeln; die Not psychisch Leidender ist für die Betroffenen und deren Umgebung eine große Herausforderung; es gibt die, die an der Reihung von Unglück in ihrem Leben zu verzweifeln drohen; die mit Unfallfolgen oder Gewalttaten fertig werden müssen; die Einsamkeit aushalten ... jeder kennt Beispiele, die sich einfügen lassen.

Was sehr viele Menschen heutzutage kennen, ist das Erleben von mangelnder Tiefe, zeitweiliger Verödung, psychischen Krisen oder Enttäuschung. Um Dunkelheiten unterschiedlichster Ausprägungen und Intensität begegnen zu können und sie durchzustehen, braucht es innere Kraft, Hoffnung und Glauben. Weil das Leben Ohnmacht hervorrufen und Depressionen auslösen kann, weil die einen angesichts des Unglücks mit Schuldgefühlen reagieren, andere zu gesteigerten Frömmigkeitsübungen oder moralischen Höchstleistungen neigen, und weil das alles letztlich das Leben nicht besser macht, geht es an dieser Stelle allein darum, das in den vorangegangenen Kapiteln Gesagte zu verstärken: Weil Leid, weil Dunkles zum Leben gehört, ist es umso wichtiger, ganz bei sich zu sein, ganz aus der eigenen Mitte zu leben, die „mystische Empfindlichkeit" wachzuhalten und Gott Gott sein zu lassen – nur so halten die Lebendigkeit, die Liebe und auch die Freude und das Glück stand.

REFLEXION

- Welche Grenzerfahrungen kennen Sie, die Sie nach dem Sinn fragen lassen? Können Sie es zulassen zu klagen? Wie äußert sich das?
- Kennen Sie das „Trotz alledem"?
- Was / wo ist Ihre Motivation? Was hilft Ihnen, sie wachzuhalten?
- Können Sie klagen? Wie sieht das aus?

ÜBUNG

- Schreiben Sie einen eigenen Klagepsalm, in dem Sie alle Ungereimtheiten, alles Dunkel und Sinnlose in Ihrem Leben ausdrücken.
- Wenn Sie mögen, malen Sie ein Bild, das das Geschriebene ergänzt.

Je dunkler
es hier um uns wird,
desto mehr müssen wir
UNSER HERZ
ÖFFNEN für
das *Licht*
von oben.

Edith Stein

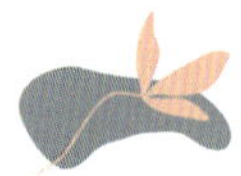

WEG-WEISENDES

Jene ewige Quelle liegt im Verborgenen,
wie gut kenne ich ihr Versteck,
auch wenn es Nacht ist.

In der dunklen Nacht dieses Lebens –
wie gut kenne ich im Glauben die heilige Quelle,
auch wenn es Nacht ist.

Ihren Ursprung kenne ich nicht, denn sie hat keinen,
aber ich weiß, dass jeder Ursprung aus ihr kommt.
Auch wenn es Nacht ist.

Johannes vom Kreuz

EIN SONNENSTRAHL
REICHT HIN, UM VIEL DUNKEL
ZU ERHELLEN.

Franz von Assisi

IM LICHT
DER OSTERSONNE
BEKOMMEN
DIE GEHEIMNISSE DER ERDE
EIN ANDERES LICHT.

Friedrich von Bodelschwingh

ICH GLAUBE AN DIE SONNE,
AUCH WENN SIE NICHT SCHEINT.
ICH GLAUBE AN DIE LIEBE,
AUCH WENN ICH SIE NICHT SPÜRE.
ICH GLAUBE AN GOTT,
AUCH WENN ICH IHN NICHT SEHE.

Jüdische Inschrift im Warschauer Ghetto

Seelenglück finden

Solch eine SEELE

schwimmt im Meer der Liebe,

das ist im Meer des Entzückens,

das von der Gottheit herabströmt.

Sie fühlt keine Freude, denn

SIE SELBST IST

Freude und schwimmt

und fließt in der Freude,

ohne sie zu empfinden.

Denn sie bewohnt die Freude,

und Freude bewohnt sie.

Marguerite Porete

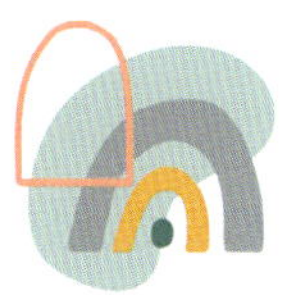

Seelenglück finden

„Wirkliches Glück, das in innerer Ruhe und der Fähigkeit zur Freude besteht, stellt sich vermutlich eher als Begleiterscheinung eines als gut und sinnvoll empfundenen Lebens ein." So einfach bringt es Herrad Schenk auf den Punkt, die sich mit „Glück und Schicksal – wie planbar ist unser Leben?" beschäftigt hat.

SICH SELBST, DIE ANDEREN,
DIE WELT UND GOTT
GUT SEIN LASSEN IST EINE KUNST.
ES VERLANGT ERFAHRUNG, BESONNENHEIT
UND KLARHEIT.

Nichts soll dich verwirren, nichts soll dich beirren, alles vergeht. So beginnt das schon einmal zitierte Gedicht von Teresa von Avila. Es entspringt einer Haltung tiefer Gelassenheit, die in Teresas Gottvertrauen wurzelt: *Wer Gott kann erwählen, nichts wird solchem fehlen: Gott nur besteht.* So endet der Text.
Wer solche oder ähnliche Sätze mit Wahrhaftigkeit sagen kann, in dem sprudelt leise, aber stetig, eine Quelle der Zufriedenheit. Er (oder sie) ist im Frieden mit sich selbst, hat sein (oder ihr) „Seelenglück" gefunden.

Der Weg dahin ist ein spiritueller Weg, der errungen sein will. Nicht von ungefähr wird der spirituelle Weg immer wieder mit einem Kampf verglichen, für den der Mensch sich rüsten muss. Paulus, der Apostel, der nach seiner Bekehrung vom Christenverfolger zum leidenschaftlichen Kämpfer für das Christentum wird, schreibt in einem Brief an die Gemeinde in Ephesus, dass man die Rüstung Gottes anziehen solle, den Gürtel der Wahrheit, den Panzer der Gerechtigkeit und das Schild des Glaubens.

In einem anderen Brief an die Gemeinde von Korinth erinnert er seine Adressaten daran, dass ihr Erkennen und Tun immer nur „Stückwerk" ist. Er stärkt sie mit den Worten: „Was bleibt, sind Glaube, Hoffnung und Liebe." – Für uns übersetzt heißt das: Wir haben genug. Wir sind hinreichend ausgestattet für unseren Lebensweg, auch wenn wir ihn nicht übersehen können. Die Fähigkeiten zu glauben, zu hoffen und zu lieben machen uns stark. Diese Stärke ist notwendig, weil wir unseren Lebensweg nur bedingt selbst wählen können. Die Logik unseres Lebens ist manchmal nur unzureichend verständlich. „Das ist Schicksal", heißt es. Und dennoch können wir unser Seelenglück finden, obwohl es das Schicksal gibt, obwohl „Gottes Ratschluss unergründlich ist", obwohl die Welt ungerecht und das Leben undurchschaubar ist.

Die Themen der biblischen Autoren, die Lebensfragen der großen Heiligen, die der Philosophen und Künstler sind die gleichen wie die unsrigen:

WAS GIBT ES HINTER DEN DINGEN?
WAS IST LEBEN?
WIE FINDE ICH IN DEN UNGEREIMTHEITEN
DES LEBENS ZUR RUHE?
WER BIN ICH?
WER IST GOTT?
WIE SOLL ICH LEBEN?

Mit solchen, manchmal quälenden, Fragen schlug sich schon Kohelet im 3. Jahrhundert vor Christus herum. Sein Resümee ist sehr einfach, er rät: *Tu, was dein Herz dir sagt und was deinen Augen gefällt!* (Kohelet/Prediger 11,9) Das, was die Augen vor sich sehen, ist nicht allzu viel. Die biblischen Bilder sprechen nicht von großen Plänen, Lebensversicherungen oder Reichtum. Im Gegenteil: Glück, Frieden und Leben haben dort eine andere Logik: *Was hat ein Mensch denn davon, wenn ihm die ganze Welt zufällt, er selbst dabei aber seine Seele verliert? Er kann sie ja nicht wieder zurückkaufen!* (Matthäus 16,26), fragt Jesus seine Freunde.

Wir können loslassen, „um das Leben zu gewinnen". Wenn wir unsere festen Vorstellungen lockern, unsere Pläne beiseiteschieben, unsere Lebensentwürfe verändern und Geld und Besitz nicht zum alleinigen Lebenszweck machen, können wir dem nahekommen, was die Bibel unter Seelenglück versteht.

Einer der großen Meister des Loslassens war Franz von Assisi. Aus einer reichen Kaufmannsfamilie stammend, trat er den Militärdienst an und wurde Offizier. Nach einer Erkrankung in der Gefangenschaft änderte er sein Leben radikal. Er pflegte Aussätzige und wählte freiwillig das Bettlerdasein. Das machte Franziskus zu einem Menschen, der in besonderer Weise frei war – frei von jeglichen Ansprüchen, Rechten, Verdiensten. Franziskus lebte in einer frei gewählten Armut, die in besonderer Weise offen macht für das Leben, für die Verbundenheit aller Geschöpfe miteinander, für die Liebe zu Gott. In seinem Sonnengesang drückt Franziskus diese Liebe und Verbundenheit in aller Leidenschaftlichkeit aus. Wer ihn hört, ahnt, wie sich Lebensfreude als Grundmelodie des eigenen Lebens entwickeln lässt. Die einfachen Sätze sagen etwas über die Liebe aus: Es geht darum, die Umwelt mit Tieren, Pflanzen und Dingen bejahend wahrzunehmen und Beziehungen zu anderen Menschen aktiv, intensiv und positiv zu leben.

DIE KUNST DES LOSLASSENS IST DER SCHLÜSSEL
ZUM TIEFEN GLÜCK, ZUM WAHREN LEBEN,
ZUR LIEBESFÄHIGKEIT, ZUR VERBUNDENHEIT
MIT ANDEREN UND MIT DER SCHÖPFUNG,
KURZUM: **ZUM „SEELENGLÜCK".**

Sich auf diese Kunst zu verstehen, verlangt, wie jede Kunst, Mühe. Die Lebensgeschichten und die Texte der spirituellen Lehrer bezeugen Wege, diese Kunst zu erlernen und dem „Seelenglück" näher zu kommen. Dabei werden wir entdecken, dass wir ein Leben lang auf uns Acht geben müssen.

Auf diesem Weg entdeckte Ignatius von Loyola, dass es vor allem darum gehe, „in allen Dingen Gott zu finden". Teresa von Avila beschrieb sehr leidenschaftlich und humorvoll die Freundschaft mit Gott, auf der alles wahre Leben beruht. Hildegard von Bingen begriff die Eingebundenheit des Menschen in die gesamte Kreatur und schöpfte daraus tiefe Weisheit. Johannes vom Kreuz erfuhr, dass noch im schwärzesten Dunkel Hoffnung herrschen kann. Denn dahinter, oder sogar darin, lässt sich die Freude an Gott und der Schöpfung entdecken.

Allen Mystikern und Heiligen ist gemeinsam, dass sie einen Weg beschreiben, der sie zum Staunen, zum Lobpreis, zur Freude und zum Dank befreit. Loslassen und in einer erfüllten Gegenwart ankommen, heißt, dem Aufmerksamkeit schenken, was gerade ist. Befreitsein zum „Nun der Freude" – so nennt es die Theologin Dorothee Sölle – die Zeit sei jetzt, der Ort hier und die Lebenszeit heute. Jetzt können wir uns selbst und die anderen liebevoll betrachten. Hier können wir mit dem leben, was ist. Und heute können wir alle inneren Kräfte mobilisieren, um Vertrauen, Lieben, Tun und Genießen zu stärken.

Wenn wir Vorstellungen, Dinge und Erwartungen loslassen, schaffen wir Raum für uns selbst. In diesem Freiraum können wir die Fähigkeit, gegenwärtig und achtsam zu leben, entwickeln. Hier lässt sich der Schlüssel zum Frieden finden, der die Tür zu mehr Lebensfreude, mehr Vertrauen, einer größeren Leidens- und Liebesfähigkeit aufschließt und eine größere Genussfähigkeit und echte Freude nach sich zieht.

LOSLASSEN, UM TIEF BEI SICH ANZUKOMMEN, HEISST: DEN KERN ZU FINDEN.

DIE ZEHN SCHRITTE

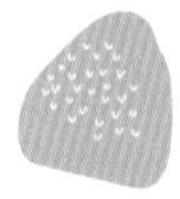

1. Dem Leben hinterherhetzen erschöpft. Hinter der Frage: „Lebe ich wirklich?", verbirgt sich die Sehnsucht danach, „wirklich zu leben".

2. Es ist in jedem Alltag möglich, dieser Sehnsucht nachzugehen und Brunnen zu entdecken, die zu den eigenen Quellen der Lebendigkeit führen.

3. Bewusst gewählte Auszeiten sind eine Möglichkeit, dieser Sehnsucht mehr Raum zu geben und sich wieder neu in der eigenen Mitte zu zentrieren.

4. Tief bei sich selbst ankommen ist eine spirituelle Erfahrung, die offen macht für Gott und das Göttliche.

5. Auch Schicksalsschläge können Auslöser sein, um sich selbst näher zu kommen. Bilanz ziehen zu müssen beinhaltet die Chance, das Leben bewusst neu wählen zu können.

6. Um „bei sich selbst zu bleiben", braucht man die Fähigkeit der Unterscheidung: Eine feinere Selbstwahrnehmung hilft uns zu erkennen, was uns guttut und weiterführt.

7. Je mehr Aufmerksamkeit wir uns selbst schenken, desto mehr wachsen in uns Liebe und Aufmerksamkeit für andere.

8. Wenn wir in uns ruhen, verändert sich die Einstellung zu Arbeit und Leistung.

9. Tiefe Verbundenheit mit sich selbst und mit Gott befähigt uns dazu, die Schattenseiten, die Fragen und das Leid als Teil unseres Lebens anzunehmen.

10. Seelenglück finden ist ein Weg. Er ermöglicht es uns, alte Sicherheiten zugunsten neuer, Kraft gebender Gewissheiten loszulassen: Ihn zu gehen macht frei, lebendig und empfindsam, auch für Freude und Dankbarkeit.

ÜBUNG

- Lassen Sie die Stationen dieses Büchleins noch einmal Revue passieren.
- Nehmen Sie wahr, wo Sie im Moment sind.
- Verweilen Sie bei einem Satz oder einem Gedanken.
- Wenn Sie mögen, schreiben Sie auf, was Ihnen durch den Kopf geht.

Sei IN DIESEM MOMENT *glücklich*, das ist genug. Wir brauchen nicht mehr als diesen Moment.

Mutter Teresa

WEG-WEISENDES

Mein geliebter (Christus) ist alles ...
Die Berge, die bewaldeten einsamen Täler,
die unbewohnten Inseln, die rauschenden Flüsse,
das Flüstern der lieblichen Lüfte;
die friedvolle Nacht,
die aufsteigende Morgenröte,
die schweigende Musik,
die klangvolle Einsamkeit
und das Heilige Mahl,
das Leben gibt und Liebe schafft.

Johannes vom Kreuz

GOTT,
GIB MIR DIE GELASSENHEIT,
DINGE HINZUNEHMEN,
DIE ICH NICHT ÄNDERN KANN,
DEN **MUT, DINGE ZU ÄNDERN,**
DIE ICH ÄNDERN KANN,
UND DIE WEISHEIT,
DAS EINE VOM ANDEREN ZU
UNTERSCHEIDEN.
Reinhold Niebuhr
GEFÜHLE
KOMMEN UND GEHEN
WIE WOLKEN AM HIMMEL.
DAS ACHTSAME ATMEN
IST MEIN ANKER
IM HIER UND JETZT.
Thich Nhat Hanh

Was mir wichtig ist

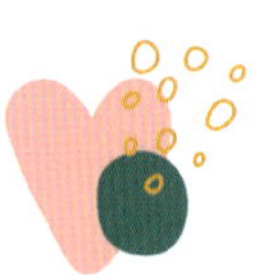

Foto: privat

Ingrid Frank, geboren 1964; Diplom-Theologin, Diplom-Sozialarbeiterin / Sozialpädagogin; seit 2007 systemische Familientherapeutin in der Jugend- und Familienberatung des Caritasverbandes für Stadt- und Landkreis Hildesheim e. V.

Quellennachweis

Leider war es nicht in allen Fällen möglich, den Rechteinhaber ausfindig zu machen. Entsprechende Hinweise nimmt der Verlag entgegen.
Alle Bibeltexte aus: Hoffnung für alle®, Copyright © 1983, 1996, 2002, 2015 by Biblica, Inc.®. Verwendet mit freundlicher Genehmigung des Herausgebers Fontis.
Grafiken: © natality – stock.adobe.com; © Liubov – stock.adobe.com

Bibliografische Information der Deutschen Nationalbibliothek

Die Deutsche Nationalbibliothek verzeichnet diese Publikation in der Deutschen Nationalbibliografie; detaillierte bibliografische Daten sind im Internet über http://dnb.d-nb.de abrufbar.

Das Gesamtprogramm von Butzon & Bercker finden Sie im Internet unter www.bube.de

ISBN 978-3-7666-3557-0

Umschlagmotiv: © natality – stock.adobe.com
Umschlaggestaltung: Tanja Manden, Kevelaer
Layout und Satz: Kontrapunkt Satzstudio Bautzen